Elisabeth Rupprecht

Dunkle Nacht – heller Stern

Weihnachtsgeschichten und -gedichte
von damals und heute

Verlagsanstalt »Bayerland« Dachau

Von Elisabeth Rupprecht ist in der

Verlagsanstalt »Bayerland«

außerdem erschienen:

Wir in der Region

Geschichten und Gedichte vom
Münchner Stadtrand
88 Seiten, Format 14 × 21 cm
ISBN 3-922394-18-3

Verlag und Gesamtherstellung:
Druckerei und Verlagsanstalt »Bayerland« GmbH
85221 Dachau, Konrad-Adenauer-Straße 19

Umschlagmotiv: Hans Fischach

© Druckerei und Verlagsanstalt »Bayerland« GmbH
85221 Dachau, 1991

2. Auflage 1993

Printed in Germany · ISBN 3-89251-111-X

Inhalt

Adventsstimmung

Lebkuacha und Kletz'nbrot,
Platzln grad gnua,
Glühwein und Punsch aa no,
des ghört dazua.

Tannazweig', Kerz'nliacht,
a Liad, des ma kennt,
ohne des waars halt nix
mit'm Advent.

Ja, d' Stimmung, die muaß halt sei
so um die Zeit,
doch is' in dir selber net,
na kimmst net weit.

Selber muaßt stad wern,
di b'sinna, di g'frein,
nix derf pressier'n mehr,
schee stad muaß alls sei.

Dann hat erst die Stimmung
im Advent ihren Sinn,
dann erst leucht des Liachtl
im Herzen dir drin.

Kleiner Bahnhof
um Weihnachten

Es gibt nichts Trostloseres als einen kleinen Bahnhof bei Nacht. Da steht die Dunkelheit dicht um die kleine Insel des überdachten Bahnsteigs mit Licht und Reklametafeln, mit einem Zeitungs- und Süßigkeitenkiosk und einer winzigen Bahnhofsrestauration, mehr Warteraum als Wirtschaft. Der Wind von der weiten Ebene her bläst kalt und unfreundlich von draußen, weht Zeitungsfetzen den Bahnsteig entlang. Die beleuchtete runde Bahnhofsuhr scheint stillzustehen. Die Lichter der Häuser des nächstgelegenen Ortes sind weit weg. Aber am Ende der Bahnhofsinsel steht ein Christbaum mit windbewegten Zweigen und elektrischen Kerzen.

Ganz allein sitzt ein weißhaariger Mann auf der Bank am Bahnsteig, neben sich seine Reisetasche. Er hat noch viel Zeit bis zur Abfahrt. Da kommt einer aus der Tür des Restaurationsraumes. Jung und schwarzhaarig, mit weit ausgreifenden Schritten. Kurz vor der Bank hält er an. Er schaut nicht auf den alten Mann, sondern weiter hinaus, ans Ende des Bahnsteigs, wo der Christbaum steht.

»Ein – ein Christbaum!« murmelt er vor sich hin, »immer wieder, immer das gleiche – ein Schmarrn und ein Unsinn!« Der Alte hebt den Kopf, schaut auf den Jungen und fragt: »Wieso?«

Der Junge wendet sich ihm kurz zu, nimmt ihn zur Kenntnis, schaut wieder auf den Baum: »Weil – weil doch heute alles anders ist – von wegen Frieden auf Erden und so – in dieser unfriedlichen Welt gibt's doch das alles nicht mehr, das ist doch Lüge, bestenfalls ein Symbol!«

Er schaut zum Baum hin, ist plötzlich wach und aufmerksam. Dann deutet er darauf hin:

»Aber da – da oben an der Spitze, da fehlen doch die Lichter! Da haben sie wohl keine so hohe Leiter gehabt oder sie waren zu faul, auch da noch hinaufzuklettern! Lichter gehören doch, wenn schon, dann bis hinauf zur Spitze. Bei uns daheim hat mein Vater immer darauf geschaut – bis oben hinauf!« Er ist plötzlich ganz da und erregt.

Der Alte lächelt: »Bei uns auch – und wie ich dann selber der Vater war, hab' ich's auch so gehalten!«

Der Junge wendet den Blick nicht von dem Baum, sagt wie versunken: »Und oben auf der Spitze war immer ein Stern!« Wie entschuldigend murmelt der Alte: »Bei uns war's ein Engel!«

Er schaut lächelnd den Jungen an, der da steht mit dem unentwegten Blick auf den Baum, den er gerade vorhin noch als Schmarrn und Unsinn bezeichnet hat. Jetzt ist er in Gedanken wieder daheim wie einst, als der Vater darauf geachtet hat, daß auch ganz oben noch Kerzen waren. Und die Lichter spiegeln sich in seinen Augen.

Im Lautsprecher knackt es, eine unbeteiligte Stimme sagt: »Gleis 1, S-Bahn Richtung München«, und der Zug rauscht herein. Das kleine Zaubernetz, das zwei Menschen und einen Christbaum eingesponnen hat, zerreißt jäh. Der Alte steigt in der Mitte ein, der Junge vorn. Rasch gleitet der Zug wieder hinaus in die Nacht.

Der Christbaum auf dem Bahnhof steht allein im Wind und bewegt die Zweige, und die elektrischen Kerzen schaukeln. Nur ein paar Menschen, die ausgestiegen sind und zu den fernen Lichtpunkten der Häuser hinstreben, werfen flüchtig einen Blick auf ihn und denken vielleicht: »Ja – bald ist Weihnachten!«

Engelshaar, Lametta,
Silberketten – oder gar nichts?

Je größer eine Familie ist, desto unterschiedlicher
sind die Meinungen zum Weihnachtsfest – zum Bei-
spiel über den Christbaumschmuck. Wie ist der
Christbaum am schönsten, wie entspricht er allen
Vorstellungen?

Die ältere Generation hängt noch am Schmuck aus
ihrer Jugendzeit. »Wie schön war der Baum doch
immer im silbrigen Schleier von Engelshaar!«
schwärmt die Großmutter. Der Großvater stimmt
ihr bei und meint dazu noch:

»Aber ein schöner stolzer Christbaumspitz gehört
unbedingt auch dazu – so, wie er früher war, fast
wie ein Kürassierhelm des früheren glanzvollen Militärs! Manchmal sogar noch mit einem silbernen
Federbusch drauf!«

Die mittlere Generation ist da schon ein bißchen
neutraler: »Reichlich Lametta – das ist was Solides
und doch Dezent-Elegantes!« findet die Mutter,
»und vielleicht noch ein paar Kugeln in modernen
Farben, in Pink oder Lila, so schön glänzend!«

Der Vater, der das »glanzvolle Militär« gar nicht
mag, meint: »Ein Christbaumspitz, der an eine Pik-
kelhaube der Militärs und Polizisten erinnert –
nein, damit gehst mir! Lametta und Kerzen drauf –

und sonst gar nichts, das ist das Schönste!« Die jüngste Generation, die Kinder, protestieren dagegen energisch:

»Bloß Lametta und Kerzen? Wo's doch so schöne bunte Kugeln in allen Farben gibt! Ohne Kugeln und Vögel und Glöckchen ist das doch kein richtiger Christbaum! Und rote Äpfel und goldene und silberne Nüsse dazwischen – das muß dabei sein! Und ganz oben, auf der Spitze, da muß ein schöner Engel sein!« Die Zwischengeneration, die Jungen, ist anderer Meinung.

Sohn Heinz murrt wenig begeistert:

»Alle Jahre das gleiche – muß denn das sein? Ein Baum ist doch am schönsten in seinem natürlichen Grün! Vielleicht ein paar dünne Silberketten dazwischen, das sieht aus wie silbrige Spinnweben oder Rauhreif – so ist's am schönsten und natürlichsten – und außerdem sehr fotogen!«

Der Cousin Mike, am Weihnachtsabend mit dabei, ist zunächst überhaupt gegen einen Christbaum:

»Heute, im Zeitalter des Waldsterbens, immer noch dieses Abholzen von schönen, gesunden Fichten und Tannen – barbarisch, unmöglich, Wahnsinn! Wenn's so weitergeht, gibt es in ein paar Jahren sowieso nur mehr Plastik-Christbäume!«

So halb und halb läßt er sich überzeugen, daß die Händler zumeist nur Bäume anbieten, die aus den Wäldern ausgeforstet worden sind. »Aber dann nur den Baum in seinem herrlichen Grün – pure Natur, ohne zivilisatorischen Schnickschnack, in Farbe und Duft – und sonst gar nichts!«

So geht die Meinung durch alle Geschmäcker und Generationen. Und jeder hofft im stillen, daß der Christbaum schließlich so aussehen wird, wie er es sich in seinen Wunschvorstellungen ausmalt: ein Christbaum in Glanz und Schimmer, Duft und Farbe, der einstimmt auf das schönste Fest und still und froh und glücklich macht.

Und wer auch immer den Festbaum schmückte, ob Großmutter, Mutter, Töchter oder die Familienväter – am heiligen Abend fand die Familie, die allen Standpunkten gerecht werden und keinen kränken oder enttäuschen wollte, einen Baum vor, der so aussah: oben um die Krone, im zärtlich-lockigen Silber, das Engelshaar. Von den starken Mittelästen hängt elegant das schwere Silber des Lamettas, und unten breitet der Baum seine grünen, duftenden Zweige in ein Moosbett hinein aus. Dazwischen aber blitzen und glänzen Kugeln in Bunt und Lila und Pink, kleine Äpfel und goldene Nüsse und

kleine bunte Glasvögel, und natürlich rote Kerzen.
Und ganz oben auf der Spitze, schwebt graziös ein
Rauschgoldengel im goldenen Plisseekleidchen.
Und alle in der Familie schauen auf Glanz und
Schimmer und Buntheit und sagen – ob Vorbehalte
oder nicht – einhellig: »Schöööön!«
Der Großvater schaut auf den Engel ganz oben,
schluckt seine kleine Enttäuschung über den fehlen-
den Christbaumspitz mit dem silbernen Haarbusch
hinunter und denkt: »Ein Engel ist auch was sehr
Schönes und gehört zu Weihnachten! Und er sagt ja
auch, was es sein soll: Friede auf Erden – über alle
Standpunkte hinweg!«

Die Hirten

Schaf' gibts heitz'tags net so vui,
und gar den, der s' hüat'n wui,
findt ma selten no im Land.
Wer ziahgt gern so umanand
mit de Schaf' bei Wind und Wetter?
So unbequem, a armer Fretter?
Und wer Schaf' hat, jammert sehr:
Wo kriag i an Hüater her?

Die Hirten damals, z'Bethlehem,
die warn no net aso bequem.
Die ham die Lamperl und die Schaf'
bewacht, behüt', betreut schee brav.
Im Dienen ham s' ihr Aufgab' g'sehgn,
net am Verdienen war 's eahna g'legn.
Drum ham s' als Lohn kriagt seinerzeit
für Demut und Bescheidenheit,
daß s' ham als erste Menschen g'sehgn,
wia 's Christkind dort im Stall is g'legn,
und Glanz und Liacht und Gloria –
die Hirten warn als erste da.

»Schönes Hundl –
braves Hundl!«

Der kleine Langhaardackel ist vor den Läden ange-
bunden, sitzt da und ist nichts als Warten auf sein
Fraule, nichts anderes existiert für ihn. Beharrlich
schaut er auf die Tür, hinter der sie verschwunden
ist. Dackelfraule ist in den kleinen Blumenladen ge-
gangen. Daneben gibt es in dem ebenerdigen La-
denbau noch eine Bäckerei, einen Obst- und Ge-
müseladen, eine Metzgerei und einen kleinen Stehausschank. Vor den Läden grenzt eine Art Zaungitter zur Straße ab. Und hier also muß der kleine Dak-
kel warten. Sonst ringsum nur Straße, mit brausen-
dem Verkehr, mit himmelhohen Häusern, eine
unendlich lange Zeile von Häusern.
Es ist Vorweihnachtszeit, ein paar Tage vor Weihnachten. In der Auslage des Blumenladens stehen
neben den vielen Töpfen mit Weihnachtssternen
weihnachtliche Gestecke mit Tannengrün, Kerzen,
Silber- und Goldbändern, Tannenständer mit viel
Silberpracht, roten Bändern, Mistelzweigen, Deko-
rationen für zu Hause und als Geschenke, überall
Schimmer und Flitter, Gold, Silber und Rot. Auch
auf dem schmalen Straßenanteil vor dem Laden stehen zur Ansicht noch einige dieser Prachtstücke.
In der Bäckerei zeigen Schokoladen-Nikoläuse in
allen Größen und weißüberzuckerte Christstollen

die Weihnachtszeit an. Der Obstladen prangt mit besonders rotbackigen Äpfeln, vielen Orangen und Nüssen zwischen lamettageschmückten Tannenzweigen, und die Metzgerei hat in ihrer Auslage wahre Prachtstücke von Geschenkkörben mit Riesenschinken und Würsten.

Aus dem Stehausschank dringt Licht und lautes Lachen, weht ein warmer Dunst nach Menschen und Alkohol, als die Tür geöffnet wird. Ein Mann kommt durch diese alte viel strapazierte Türe mit der Milchglasscheibe. Er hält sich unsicher und vorsichtig am Türpfosten fest, bevor er über die erhöhte Schwelle heruntergeht. Dann bleibt er stehen auf unsicheren Füßen, schaut blinzelnd um sich. Seine dicke Brille wirkt trüb, wie beschlagen, sein Anzug abgetragen. Er ist nicht mehr jung, aber auch noch nicht alt.

Jetzt sieht er den Hund, tritt zu ihm. Der kleine Dackel schaut zu ihm auf, im Blick eine Mischung aus Neugierde, Zutrauen, ein bißchen Furcht und ein bißchen Hilflosigkeit der Kreatur. Das rührt den Mann seltsam an. Er geht etwas mühevoll in die Hocke neben dem Hund und redet ihn an:

»Braves Hundl – ja, gell – ganz allein – wartest aufs Fraule – brav – brav!«

Der Hund schnuppert neugierig und mißtrauisch. Der Geruch dieses Menschen gefällt ihm nicht. Nicht nur der Eigengeruch, den jeder Hund als Nasentier vom Menschen aufnimmt, wie wir einen Augeneindruck. Nein, der Mann riecht so seltsam. Um eine winzige Kleinigkeit rückt der Dackel von dem Mann weg, schaut sofort wieder auf die Tür des Blumenladens. Wenn er nicht mehr hinschaut, meint er, ist der Mann fort. Aber der Mann ist noch immer da. Wenn nur das Fraule käme!

»Bist ein braves Hunderl!« sagt der Mann mit einer leisen, von Rauch und Schnaps heiseren Stimme, »und so ein gepflegtes Hundl! Ein feines, schönes Hunderl, ja! Weißt, ich – ich bin auch ein Hund, aber ein armer, ein Köter, weißt, den keiner mag! So einer bin ich – weißt, Hundl!«

Der Dackel schaut zu ihm auf, furchtsam, gar nicht mit dem steinerweichenden zweckbetonten Blick, den Hunde beim Leckerbissenbetteln haben, sondern ganz hilflos, ganz diesem sonderbar beunruhigenden Menschen ausgeliefert. Groß und braun und fragend sind die feuchten Tieraugen.

Jetzt streichelt der Mann sogar ganz leicht, vorsichtig und zaghaft mit zwei Fingern über das gepflegte Dackelköpfchen. Der kleine Hund mag das nicht.

Er duckt ein bißchen den Kopf weg. Er könnte ja auch knurren, die Zähne zeigen oder zuschnappen. Aber er tut es nicht, vielleicht aus irgendeinem Instinkt heraus, der Hunde veranlaßt, schwächere, kranke oder kleinere Geschöpfe nicht anzugreifen. Der hier, trotz seiner den Hund beeindruckenden Größe und Fremdheit, ist ein Schwacher, vielleicht ein Kranker. Für ihn ein Unheimlicher. Das spürt der Hund. Schwankend steht der Mann jetzt auf, hält sich am Zaungitter fest, schaut auf den Hund hinunter.

»Die Menschen sind schlecht«, murmelt er heiser, »sind Raubtiere, keine Hunde! Keiner hilft dir, kannst verrecken! Ein Hund hat's besser. Ein Hund hätt' man werden sollen, ein echter, schöner – so einer wie du – kein armer Hund, dem sie die Haut abziehen! Ja! Und – und – allein wär' man dann auch nicht, so hundselend allein!«

Er stand leicht schwankend da, den Kopf gesenkt, auf den Hund starrend. Der beachtete den fremden Menschen nicht mehr, ließ die Ladentür nicht aus den Augen und sprang plötzlich mit einem Aufjaulen, das wie ein Jauchzen klang, hoch. Das Fraule kam aus der Ladentür, einen eingewickelten Blumenstock im Arm.

»Ja-ja-ja«, sagte sie lachend, als sie zu dem springenden, tanzenden Hund trat, »bring mich nur nicht um! Bist ja brav – ja, schön brav!«

»Ja – einen ganz einen braven Hund haben Sie da, Frau!«, sagte eine heisere Stimme neben ihr mit unsicherer Zunge.

Die Dame bemerkte den Mann erst jetzt, schaute erstaunt auf, spürte den deutlichen Dunst von Rauch und Alkohol. Rasch band sie den Hund los und sagte schnell und reserviert:

»Ja-ja, sehr brav!« Und zu dem Hund: »So, Molly, jetzt komm!« Dieser Aufforderung hätte es nicht bedurft, denn der kleine Dackel, trippelnd und hüpfend vor Freude, wartete ja nur darauf, mit ihr davonzugehen.

»Ein – ein schöner Hund, Frau – ein wirk . . . wirklich schöner Hund!« Der Mann wollte nur schnell noch etwas sagen. Die Dame und der Hund sollten noch nicht fortgehen, er wollte reden mit ihnen, sie anschauen, sich freuen. Aber die Zunge gehorchte ihm nicht ganz und auch die Stimme nicht. So wurde aus dem Anredenwollen ein angestrengt lauter Ton, ein Grölen hinter Frau und Hund her. Es veranlaßte die Frau, schneller zu gehen. Sie schaute sich nicht um, auch der Hund trippelte eilig neben

ihr her. Der fremde Mensch war vorbei und vergessen für ihn.

Der Mann starrte die Straße hinunter, wo Frau und
Hund verschwunden waren. Die lange Straße, in
der die Lichter aufflammten, floß in seinen Augen
in ein welliges, flackerndes Band zusammen, floß
an ihm vorbei und ließ ihn stehen wie an einem
Ufer. Hoch über dem bewegten bunten Band starr-
ten die drohenden Schatten riesiger Häuser – Mietshäuser, in deren einem irgendwo, ganz hinten, wo
das Band dunkel und verschwommen wurde, ein
Zimmer war für ihn – klein, kalt, gleichgültig, ein-
sam.

Aus den Läden, aus den nächstgelegenen Häusern,
schönen Neubauten, strahlte das Licht, in den Läden flimmerte und schimmerte der Reklame-Weih-
nachtsflitter. Licht, Wärme – dorthin gehörte die
feine Frau mit dem feinen Hund. Er gehörte nicht
dorthin. Undeutlich empfand es der Mann. Er gehörte ins Dunkel, ins kalte Zimmer. Oder – er
drehte sich langsam um – oder hierher, in diese
Helle, in diese Wärme – »ins Licht von unserei-
nem!« murmelte er und tappte zurück zu der
Milchglasscheibe. Hier war noch Wärme und
Licht, waren Menschen – viele solche wie er. Er

tappte ungeschickt wieder hinein in das enge kleine Lokal voller Rauch und Menschen.

Wenn er die Augen gehoben hätte, dann hätte er das Schild gesehen, das da an der Milchglasscheibe klebte und auf dem stand: »Am 24. Dezember ab 16 Uhr geschlossen«. Aber noch sah er es nicht, noch war da ein bißchen vorweihnachtliche Hoffnung auf Wärme und Menschlichkeit – auch für ihn.

Ein Stern über Giesing

Der Stadtteil Giesing ist einer der ältesten von München. Er entstand aus einer kleinen Ansiedlung unterhalb des Isarhangs, und es waren damals meist Herbergen. Unser Jahrhundert hat dort viel zerstört und verwandelt, zuerst durch die Bomben des Zweiten Weltkriegs, dann durch viele Neubauten, die U-Bahn und neue Straßen.

In den zwanziger Jahren aber gab es dort noch manche kleine Schönheiten aus vergangener Zeit. Die Straße, noch vor der Jahrhundertwende aus einem einst kurvenreichen Bergweg in eine Stadtstraße umgewandelt, zog sich breit und steil hinauf zum Giesinger Berg, dem einstigen Isarhang. Sie führte den mit Anlagen begrünten Hügel entlang, über dem sich der hohe, schlanke Turm der Hl.-Kreuz-Kirche erhebt und über das ganze Viertel hin grüßt – der »Giesinger Kirch'«, wie man sie noch heute dort nennt. Rechts der Straße aber, wo der Hang sich sanfter neigt, lag damals ein kleines Idyll. Kleine Häuschen, meist noch die alten Herbergen der Anfangszeit, schmiegten sich an den Hang, eins am anderen und so niedrig, daß man schier meinte, die Dachrinne mit der Hand erreichen zu können und wo man im Vorbeigehen direkt in die Stuben hinter den kleinen blanken Fenstern schauen konnte, wenn nicht Blumenstöcke oder weiße Vorhänge den neugierigen Blicken wehrten. Eine kleine Straße zog sich an den Häuschen entlang, und sie begleitete murmelnd ein Bach, der Giesinger Mühlbach, der weiter oben einst eine alte Mühle getrieben hatte.

Zwischen Bach und Straße zog sich noch ein Streifen hin, der Platz gab für ein paar kleinwinzige Gärtchen. Einige schmale Beete für Radieschen und Salat und für ein paar Stiefmütterchen und Vergißmeinnicht, sauber eingefaßt mit Steinen, vielleicht noch ein Busch, eine kleine Laube oder ein Bankerl zum Ausruhen – zu mehr reichte der Platz nicht. Aber wo so ein Gärtchen vorhanden war, da war es liebevoll gepflegt.

Jetzt aber war es Winter geworden. Der kleine Fritzl kniete in einem dieser Häusln auf dem Küchenhocker am Fenster, hatte die Arme am Fensterbrett aufgestützt und schaute hinaus in das Stückchen Welt, das er sehen konnte. Weihnachten war nah, eine ganz besondere Zeit, das wußte der Fritzl.

Der Schnee hatte das winzig kleine, fast dörfliche Stadtviertel am Mühlbach verzaubert. Die Latten des Zauns drüben am Gärtchen trugen lustige weiße Hauben, und die Beete hatten eine warme weiße Decke aus Schnee. Der Fritzl sah nur dieses kleine Stück, aber er kannte die ganze Straße am Bach. Noch am Vormittag war er mit den anderen Buben draußen herumgetollt und hatte mit ihnen eine Schneeballschlacht geschlagen.

Ein paar Häuser weiter wurde die Straße am Mühlbach unterbrochen. Eine breite Steintreppe kam von oben, von der großen Fahrstraße, herunter in die kleine Welt am Bach und mündete in eine Straße, die das Viertel durchquerte, mit einer Brücke über den Mühlbach setzte und hinüberlief zu den Anlagen der grünen Isar.

Jenseits dieser Treppe und dieser Querstraße aber ging das dörfliche Idyll entlang des Giesinger Berges weiter. Da gab es dieselben kleinen Häuschen, und der Bach floß genau so wie drüben. Auf einem kleinen freien Platz stand ein alter gußeiserner Brunnen. An Rohr und Brunnenrand hatte der Schnee zierliche weiße Säumchen gesetzt. Auch das Geländer der Steintreppe, das in einer schwungvollen Schnecke auslief, hatte dieselben Säumchen bekommen. Aus den Kaminen der Häuschen kräuselte der Rauch in den bleigrauen Winterhimmel.

Aus dem halbdunklen Gewölbe des Textilgeschäftes am Eck neben der Treppe, in einem größeren, später gebauten Mietshaus, trat manchmal der Inhaber, sah nach dem Wetter, schaute eine Zeitlang den herumbalgenden Buben zu und trat dann seufzend zurück in seinen Laden, zu Mützen und Hauben, Handschuhen, Schals, Stoffen und Wollsachen. Schlecht ging das Geschäft, trotz des baldigen Weihnachtsfestes recht schlecht. Denn es waren die Jahre nach dem Ersten Weltkrieg, die Notjahre, die Krisenjahre. Gerade erst waren die schlimmen Zeiten der Inflation vorbei, aber die Sorgen nahmen trotzdem kein Ende. Arbeitslose gab es immer mehr, und die Familien kämpften sich recht und schlecht durch den Winter.

Von all dem wußte der Fritzl noch nichts. Er freute sich am Schnee und fühlte sich wohl in dieser überschaubaren kleinen Welt. Seit einem Jahr fast ging er in den Kindergarten in der nahen Kolumbusschule, und da hatte die Kindergarten-Tante oft vom Christkind erzählt und vom Nikolaus, der die Bösen bestraft und die Braven belohnt. In den vergangenen paar Jahren, an die sich der Fritzl erstmals wachen Sinnes erinnern konnte, war Weihnachten auch immer etwas ganz Besonderes gewesen, etwas, das mit Geheimnis, Glanz und Schimmer verbunden war, mit Tannenduft und Äpfeln und ein paar Überraschungen unter dem kleinen Christbaum. Meistens war es etwas von der Mutter Selbstgestricktes oder -genähtes oder ein vom Vater gebasteltes Spielzeug. Aber für den Fritzl war es neu und überraschend, und es stammte vom Christkind, das gab auch den einfachsten praktischen Dingen einen besonderen Glanz.

Vielleicht, wenn man recht aufpaßte, konnte man das Christkind in diesen letzten Tagen vor Weihnachten einmal sehen, vielleicht einen Schimmer erspähen, wenn es mit goldenen Flügeln von Haus zu Haus flog. Und deshalb kniete der Fritzl jetzt auf dem Küchenhocker und spähte eifrig hinaus in die rasch einfallende Dämmerung, die vom Schnee erhellt wurde.

Dann kam die Mutter und verscheuchte die Dämmerung, indem sie das Gaslicht über dem Tisch anzündete. Die Stube war Küche und Wohnraum zugleich, mit dem wachstuchbedeckten Tisch und dem alten durchgesessenen Kanapee, mit einer braungestrichenen Kommode, in der auch die Spielsachen vom Fritzl aufbewahrt wurden. Im Hintergrund, wo das Gaslicht mit seinem Schein nicht mehr ganz hinreichte, standen der Küchenherd mit dem Warmwassergrand, das Abspülbankerl und der alte abgenützte Küchenkasten. Die Mutter machte Feuer im Ofen, und bald war's gemütlich warm in der kleinen Stube.

Das Gaslicht warf seinen gelben Schein hinaus auf die Straße, und all die kleinen Häuschen am Hang mit ihrem schneebedeckten Dach schauten mit ihren erleuchteten Fenstern wie leibhaftige Märchen- und Hexenhäuschen aus. Aber es war nicht nur Märchenhaftigkeit und Idylle. Nicht nur der Schnee lag auf dem Dach. Auch die Sorgen, die Not, der Kummer und die Traurigkeit hockten wirklich wie böse Hexen mit drauf und drückten die Bewohner oft schier nieder. Die Zeit mit ihren Wirbeln und Kreiseln zog um sie alle wie ein wildes Wasser um eine kleine Insel und ließ ihnen nur das Gefühl der Hilflosigkeit, der Furcht des »Mein Gott, was wird noch alles werden« und des fatalistischen Dahintreibens. Die Mutter seufzte. Sie wußte, warum der Fritzl so eifrig ausspähte, sie wußte, wie gläubig er aufs Christkind wartete, und sie wußte auch um seinen geheimsten, brennendsten Wunsch: ein Rodelschlitten. Aber sie wußte auch, um wie vieles notwendiger der Fritzl neue Fäustlinge brauchte, denn die alten waren dünn geworden, unzählige Male geflickt und kaum mehr wärmend – von anderen notwendigen Kleidungsstükken gar nicht zu reden. Ein Rodelschlitten – hohes Glück ihrer eigenen Jugendtage, der Mutter tat das Herz weh. Woher sollte man das Geld nehmen?

Sie senkte traurig den Kopf über dem Herd. Vor Wochen schon war der Vater heimgekommen mit hängenden Schultern, müde und verzweifelt: Er hatte seine Arbeit verloren. Die Firma, für die er arbeitete, mußte abbauen, er war entlassen worden. Arbeitslos – ein Los, das Tausende traf und doch für jeden einzelnen bitterstes Leid bedeutete. Die Unterstützung reichte gerade für das Nötigste. Hungern würde man nicht brauchen zu Weihnachten, die Verwandten vom Land hatten ein kleines bißchen geholfen mit Lebensmitteln.

Aber Weihnachten – aber ein Kindertraum – ein wenig Glanz in Kinderaugen – das Unerfüllbare – das war's, was viele Eltern niederdrückte, was ihnen Angst vor dem Fest der Freude machte, fast noch mehr Angst als die vor der dunklen Zukunft. Was wußten Kinderträume und Kinderhoffnungen von Wirtschaftskrisen und Arbeitslosigkeit?

Draußen war es Nacht geworden, und der Fritzl sah noch, wie große Schneeflocken langsam zur

Erde tanzten in der breiten Bahn des gelben Lichtes, das auf die Straße hinausfloß. Der Fliederbusch drüben im Gärtchen zitterte mit seinen schneebepelzten Zweigen im kalten Windhauch, und droben, ganz fern zwischen seinen Zweigen, sah der Fritzl einen Stern. Er flimmerte und blinkte und leuchtete am tiefdunklen Himmel so seltsam, daß es dem Fritzl schier wie ein bißchen Glanz vom Christkind vorkam. Ganz feierlich wurde ihm zumute, und wie eine zage kleine Frage kam's ihm aus dem Herzen, eine Frage ans Christkind. Er schaute noch einmal ganz fest hin, bevor die Mutter die geblümten Vorhänge vor das Fenster zog.

»So, Fritzl«, sagte sie, »jetzt sei schön brav und spiel noch ein bißl, der Vater wird gleich heimkommen, und dann tun wir abendessen!«

Der Fritzl wollte der Mutter von dem Stern erzählen, der ihm so verheißungsvoll erschienen war. Aber sie schaute so ernst und verschlossen aus, so gar nicht voll Freude aufs Christkind, daß er es in einer seltsamen Scheu doch nicht tat. Und sie wandte sich auch gleich hin zum Küchenherd und fing an, das einfache Abendessen vorzubereiten.

Das Häusl, auch eine ehemalige Herberge, war klein, aber behaglich. Draußen im halbdunklen

Hausgang führte eine steile Stiege hinauf zu ein paar Kammern unterm Dach. Dämmerung nistete immer in den Winkeln hinter der Stiege und schaute von droben herunter.

Wenn die Patin des Fritzl, die Tante Anni, mit ihrer kleinen Tochter Gretl manchmal zu Besuch kam, dann fürchtete sich die Gretl immer ein bißchen in dem Häusl mit seinen dunklen Ecken und den niedrigen Fenstern, wo man die Vorbeigehenden so nah und groß sah. Denn die Gretl und ihre Mutter wohnten in der Innenstadt in einem himmelhohen Haus im dritten Stock.

Der Fritzl aber fühlte sich wohl in dem heimelig-dämmrigen Haus. Freilich war's schon manchmal auch zum Gruseln am Abend, besonders jetzt im Winter, wenn's draußen auf dem Gang so früh dunkel war. Und selbst die Kerze, mit der die Mutter in die Schlafkammer leuchtete, konnte die unheimlich tanzenden Schatten an den Wänden nicht bannen. Aber diese Furcht scheuchte der Fritzl tapfer immer wieder zurück, denn der Vater hatte ihm gesagt, daß er einmal ein Mann sein müsse, und der dürfe keine Angst haben. Und ein Mann, so wie der Vater, wollte der Fritzl ja einmal werden.

Der Vater – der Fritzl horchte auf, als jemand draußen den Schnee von den Schuhen stampfte und die
Haustür aufklinkte. Gleich darauf kamen die
schweren Schritte des Vaters ins Zimmer. Der Fritzl
sprang ihm entgegen. Der Vater schüttelte den Mantel ab und zog die Mütze vom Kopf. Er brachte
Kälte und Schneeluft mit, einen Hauch von Vor-
weihnacht und Nikolaus.
»So, Fritzl«, sagte der Vater und packte seinen Buben am blonden Schopf, »jetzt kommt ja bald 's
Christkindl! Warst du auch immer schön brav?«
Die Mutter drehte sich erstaunt vom Herd weg. So
frisch und vergnügt hatte sie ihren Mann schon lang
nicht mehr reden hören. Er lächelte sogar auf den
Buben herunter. Und sie wußte doch, wie verzweifelt er in der letzten Zeit manchmal gewesen war bei
der immer vergeblichen Suche nach Arbeit. Sollte er
vielleicht – eine leise Hoffnung stieg in ihr auf und
ließ sie nach langer, banger Zeit wieder einmal ein
wenig freier atmen.
»Ja, Papa, ganz brav!« rief der Fritzl eifrig »und
gell, ich krieg auch was vom Christkindl! Ich weiß
es ganz gwiß!« »So-so!« lachte der Vater und zog
seinen Mantel aus, »ganz gwiß weißt du das! Ja
sowas!«

»Ganz gwiß, Papa!« bestätigte der Fritzl und strahlte vor Freude, daß er jetzt dem Papa das mitteilen konnte, was er vorhin der Mama verschwiegen hatte:

»Weißt, Papa, da drüben im Garten, da war ein Stern am Himmel, und der hat mir ganz deutlich zugeblinkert, wie ich ihn gefragt hab', obs Christkindl zu mir kommt! Also muß' doch wahr sein!«

Der Vater stand da und schaute seinen Buben an, lange, zärtlich und mit einem Lächeln in den herb gewordenen Mundwinkeln.

»Ja, Fritzl«, sagte er, »dann wird's schon wahr sein, wenn dir 's Sternerl zugeblinzelt hat! Aber dafür mußt auch nach dem Essen gleich brav ins Bett gehen!« Der Fritzl versprachs, obwohl das seine schwache Seite war. Aber was tut man nicht alles fürs Christkindl.

Der Vater wandte sich der Mutter zu, begrüßte sie und fragte, ob es bald was zu essen gebe, er habe recht Hunger. Und sein Lächeln und sein Blick waren so voll von einer geheimen Freude, daß die Mutter ihre still aufgekeimte Hoffnung wachsen fühlte: Sicher hatte er eine gute Nachricht.

Sie erfuhr es, als der Fritzl nach dem Abendessen ins Bett gebracht war. Der Vater hatte Arbeit gefunden. Zwar nur für ein paar Wochen als Aushilfe, aber bis Ende Januar dauerte sie immerhin. Und was dann sein würde, das würde man schon sehen. Weihnachten brauchte nicht ganz trostlos zu sein, nicht ganz hoffnungslos.

»Kannst schon ein kleines Bäuml heimtun«, sagte der Vater, »und ich werd' dem Buben ein Paar neue Fäustlinge kaufen. Und den Hallstetter-Beni hab' ich heut getroffen, weißt schon, den alten Schnitzer aus dem bayerischen Wald. Er fährt über Weihnachten wieder heim in den Wald, und vorher, hat er mir zugesagt, schnitzt er mir ein kleines Holzrößl für den Fritzl, ganz umsonst, weil ich ihm auch einmal geholfen hab', sagt er. Na ja, nicht der Red' wert, einer muß halt dem anderen helfen in der heutigen schlechten Zeit! Übermorgen, am Tag vor Heiligabend, bringt er das Rößl!«

Der Mutter wurden die Augen feucht. Es gab also noch etwas, worauf man sich freuen konnte – es war nicht alles ganz verloren und hoffnungslos, auch in dieser dunklen Zeit.

Sie hatte schon daran gedacht, beim Christbaumhändler ganz am Schluß des Verkaufs einen kleinen Fichtenwipfel billig zu kaufen oder vielleicht auch geschenkt zu bekommen. Ein paar erst halb heruntergebrannte Kerzen hatte sie noch vom vorigen Jahr, ein paar Nüsse waren da, die man mit Gold- oder Silberbronze, die nicht viel kostete, weihnachtlich färben konnte, und von einer alten aufgetrennten Wollweste hatte sie noch so viele Reste kräuseliger Wolle, daß sie dem Fritzl schnell eine Mütze gestrickt hatte und gleich ein Paar Handschuhe für den Vater dazu. Die alten Kripperlfiguren waren auch noch da und konnten am Fensterbrett aufgestellt werden. Der Fritzl hatte schon im Herbst eifrig dafür Moos geholt bei Ausflügen mit dem Vater.

Und so kam es, daß der Fritzl auch weiterhin dem freundlichen Blinken des fernen Sterns glauben durfte. Ein kleines Fichtenbäumchen mit roten, flimmernden Kerzen stand im Eck der Stube, ein Paar neue warme Fäustlinge hatte das Christkind dazugelegt, und als ein Wunder, das den heiß gewünschten Rodelschlitten vergessen ließ, stand da auf dem Tisch ein wunderschön bemaltes Holzrößl, ein richtiges Arbeitspferd im Kummet, auf einem Brettchen mit vier Rädern. Der Fritzl nahm es ungläubig staunend in Besitz, stellte es auf den Boden, und es folgte ihm willig, wenn er es am Strickerl mit sich zog.

Und so war also Weihnachten in dem kleinen, armen Häuschen am Giesinger Mühlbach: In einer harten Zeit, in der die Zukunft dunkel und die Gegenwart ein einziger Kampf ums Überleben war und keiner wußte, wie es weitergehen würde, war ein kleines Licht der Geborgenheit aufgeleuchtet, ein Licht der Hoffnung auf Frieden und Freude. Nie mehr in späteren Zeiten der Sicherheit und des Wohlstandes leuchtete dieses Licht der Weihnacht so intensiv und innig auf wie damals in jener schweren Zeit, als über einer Kinderweihnacht ein Stern aufgegangen war.

Jenseits von Weihnachten

Die Straße im nördlichen Stadtteil war eine gerade, normale Straße: Grauer Asphalt, ordentlicher Bürgersteig mit grauem Pflaster, dreistöckige schmale Mietshäuser, auch sie grau mit abgesetzten, etwas helleren Fensterumrahmungen und Jalousien. Bürgerhäuser, eine graue Straße.

Aber es war Leben in ihr, wie in jeder Straße. Es gab damals, in den Endzwanzigerjahren, zwei Krämereien, eine Wirtschaft, eine Dampfwäscherei, eine Kohlenhandlung und ein Pferdedroschkenunternehmen.

Ganz grau aber war die Straße doch nicht. An ihrem Ende standen ein paar niedrige Häuser, gelb gestrichen und einstöckig. Sie stammten wohl noch aus der Zeit, als es einst hier dörfliches Leben gab und die große Stadt noch nicht mit ihren Klauen nach all dem Land ringsum gegriffen hatte.

Die kleinen Häuser hatten ein paar Blumenkästen mit Geranien vor den Fenstern im ersten Stock, und neben dem einen dieser alten Häuser war sogar noch ein kleiner Garten erhalten geblieben, in dem ein niedriger Strauch wuchs und ein paar Stauden, Rittersporn und Sonnenblumen. Zwischen Gärtchen und Haus war ein schmaler Durchlaß zu den Garagen im Hinterhof.

Auf dieses gelbe Haus mit dem Gärtchen konnte man vom Fenster im zweiten Stock des gegenüberliegenden Hauses hinübersehen. Hinter diesem Fenster hatte die kleine Elli ihr Zimmer, in dem sie lebte, spielte und schlief, und das gleichzeitig auch das selten benützte Wohnzimmer der Familie war. Das normale Leben spielte sich in der Wohnküche ab.

Elli hatte hier ihren Spielschrank mit den am Abend immer aufgeräumten Spielsachen. An Weihnachten stand der große prachtvolle Christbaum hier im Zimmer. In der Vorweihnachtszeit baute Elli in der Ecke am Boden ihr Adventskalender-Häuschen auf.

Das Häuschen war aus festem, farbigem Karton, eingesteckt in einen Pappdeckelboden. Eingesteckt waren auch seitlich ein paar verschneit gestaltete Tannen und ein paar Rehe. Das Haus selbst, in dessen Innerem eine Kerze alles erhellte, hatte viele Fensterchen aus dünnem Papier. Und an jedem Tag durfte nur ein Fensterchen aufgemacht werden. Das erste war das Fenster im Dach, auf dem die Zahl Sechs stand und hinter dem das gutmütige Gesicht des Nikolaus' erschien. Dann ging es weiter, jeden Tag ein Fenster, jeden Tag eine kleinwinzige Freude:

ein Apfel, ein Lebkuchen, ein Plätzchen, ein Engelsköpfchen – und so weiter bis zum 24. Dieser Tag hatte kein Fenster, sondern vorne in der Mitte eine zweiflügelige Tür, und wenn man die öffnete, stand die heilige Familie mit der Krippe feierlich im Kerzenlicht.

Elli hatte dieses Adventshäuschen schon mehrere Jahre. Sie kannte also jedes einzelne Fensterchen und das, was dahinter erschien. Aber sie öffnete wirklich nur an dem betreffenden Tag das betreffende Fenster. Nur wenn sie an einem oder zwei Tagen nicht mit dem Häuschen spielen konnte, machte sie hernach, also nachträglich, die geschlossenen Fenster auf.

Das Kind Elli hätte nicht sagen können, warum es das tat. Sie hätte genausogut gleich alle Fenster oder die Hälfte oder gleich das Portal des 24. aufmachen können. Es war wohl so, daß sie sich unbewußt die Vorfreude erhalten wollte, diese Art von Ordnung, die sie behutsam an der Hand nahm und von einem Tag zum anderen führte. Sie hatte wohl einige Male versucht, schon früher ein paar weitere Fenster zu öffnen. Aber das Gefühl dabei war nicht Freude, Ungeduld oder eine Art Triumph über die Zeit. Es war einfach Leere, Unbefriedigtsein.

Wenn Elli am Boden vor dem Häuschen saß, war sie versunken ins Spiel. Denn das Spiel war ja nicht nur, im erleuchteten Häuschen ein Fenster aufzumachen. Sie selbst stand dann im Schnee vor dem Häuschen, neben den Tannen und neben den Rehen. Sie sprach mit den Bäumen und den Tieren. Sie schaute mit ihnen zu dem warmen, verheißungsvollen Licht hin. Irgend etwas von Freude auf etwas Besonderes war dann da, auf etwas Unerwartetes, Geheimnisvolles mit Glanz und Licht und Schimmer, was gar nicht unmittelbar mit dem Christbaum und den Geschenken am Heiligen Abend zu tun hatte. Das alles ging von dem erleuchteten Adventshäuschen aus.

Manchmal, wenn die Mutter kam und Elli sanft mahnte, mit dem Spiel aufzuhören, weil es Zeit sei zum Abendessen und dann zum Schlafengehen, blieb sie noch eine Weile am Fenster stehen und schaute hinüber zu dem kleinen gelben Haus. Dort im ersten Stock wohnte ein Mann mit seiner Frau und seinen erwachsenen Töchtern. Er war Taxifahrer, und wenn er am Abend seine Autodroschke in der Garage hinter dem Haus untergebracht hatte, ging er oft noch fort und trank sich einen gehörigen

Rausch an. Wenn er dann heimkam, randalierte er und schlug Frau und Töchter. Im Sommer, bei geöffneten Fenstern hörte man manchmal lärmende Auseinandersetzungen über die Straße. Jetzt im Winter sah man nur Schatten an den Fenstern hin- und hergehen.

Die Mutter schaute also da hinüber, und manchmal seufzte sie. Und einmal sagte sie halblaut vor sich hin:

»Ach, die arme Frau, die armen Mädchen – sie tun mir ja so leid!«

Elli hob den Kopf und schaute fragend die Mutter an. »Warum?« fragte sie, »warum sind die arm?«

Die Mutter wandte den Blick nicht von dem gelben Haus.

»Weil sie keinen Frieden im Haus haben«, sagte sie, »weil der Mann streitet und sie schlägt!«

Elli schaute erschreckt auf die Mutter. Streit – Schlagen – das gab es in der Familie nicht, das war ihr persönlich unbekannt. Sie hatte wohl durch Kameradinnen erfahren, wie das ist, hatte auch bei Raufereien der Buben gesehen, wie hart zugeschlagen wurde. Sie lief dann meistens schaudernd davon. Einmal hatte sie auch erlebt, wie ein aus dem Wirtshaus hinausgeworfener Betrunkener laut die

Straße entlanggeschrien hatte: »Dich mach' ich kalt – dich erschlag' ich!« Elli hatte das lange nicht vergessen.

Schlagen – Erschlagen – das war für Elli etwas Erschreckendes, Dunkles, wie eine Gewitterwolke im Sommer, die sie fürchtete. Und dort drüben im gelben Haus also wohnte dieser dunkle Schatten, dieses Unheimliche. Elli stand in ihrer Adventshäuschenecke auf und fragte noch einmal unruhig: »Warum?«

Die Mutter wandte sich vom Fenster ab, lächelte ihre kleine Tochter liebevoll an und sagte:

»Das verstehst du noch nicht – das verstehen wir alle nicht recht – denk nicht mehr dran, es ist Advent! Räum deine Sachen auf und dann komm, es ist Zeit zum Abendessen!«

Elli löschte die Kerze im Adventshäuschen und räumte auf. Dann ging sie gehorsam zum Händewaschen und zum Abendessen. Aber immer hatte sie in ihrem Kopf noch die Frage: Warum?

Dann kam der Heilige Abend. Bis zur Dämmerung durfte Elli im Zimmer mit ihrem Adventshäuschen spielen. Alle Fensterchen waren geöffnet, heute durfte man die Flügeltür mit der Zahl 24 aufmachen.

Die Dämmerung kroch ins Zimmer, verwischte alle Gegenstände. Das Kerzenlicht im Adventshäuschen in der Ecke verbreitete geheimnisvollen Zauber, von dem auch die Rehe und die Tannen ergriffen waren. Weihnachten war da – bald würde in diesem Zimmer der strahlende Christbaum stehen.

Die Mutter kam an diesem Abend bald ins Zimmer. Bevor sie die Jalousie am Fenster herabließ, blieb sie wieder eine Weile am Fenster stehen, schaute auf das in der Dämmerung versinkende gelbe Haus hinüber und murmelte: »Mein Gott – die arme Frau! Die armen Töchter!« Sie wußte, daß die Frau dort drüben – eine kleine, gedrückte grauhaarige Frau mit verhärmten Zügen – in der Krämerei vor einigen Tagen gesagt hatte: »Ich halt's nicht mehr lang aus – es ist ja sowieso alles zwecklos – ich mach' Schluß!« Und seit gestern war sie nicht mehr gesehen worden, sie war fortgegangen und nicht mehr heimgekommen.

Die Mutter stand immer noch am Fenster, die Schnur der Jalousie in der Hand und schaute hinüber. Elli erhob sich in ihrer Ecke und stellte sich neben die Mutter. Sie war noch nicht sehr groß und mußte sich auf die Zehenspitzen recken und sich am Fensterbrett anhalten, um mit großen Augen hinüberschauen zu können auf das gelbe Haus. Und sie und ihre Mutter sahen, wie einmal ein hellblonder und einmal ein dunkelblonder Mädchenkopf immer wieder am Fenster erschien und über den verdorrten Geranien in den Fensterkästen die Straße hinauf- und hinunterschaute, immer wieder. Sie schauten nach der Mutter aus, ob sie nicht doch noch käme.

Ellis Mutter ließ die Jalousie herunter, und ihre Stimme klang seltsam erstickt, als sie vor sich hinsagte: »Das werd' ich niemals vergessen!«

Elli stand neben ihr, erschreckt, verstört, tausend Fragen in den Augen. »Warten sie auf ihre Mutter?« fragte sie bang. Die Mutter nickte stumm. »Und wo ist sie jetzt?« fragte Elli weiter. »Niemand weiß es«, sagte die Mutter, »aber vielleicht dort, wo es ihr jetzt gutgeht!«. Sie legte die Hand auf Ellis Kopf und sagte: »Sei froh, daß du es noch nicht verstehst! – Freu dich – bald kommt das Christkind zu dir – das bringt Freude und Friede – das Schönste, was es gibt auf der Welt!«

Ihr Lächeln war liebevoll und freudeverheißend, und als sie beim Hinausgehen die Tür öffnete, zog ein zarter Tannenduft ins Zimmer.

Elli wandte sich ihrem Adventshäuschen zu. Die Türe des 24. war weit offen, und die Krippe mit Maria und Josef stand im Kerzenlicht.

Elli war es seltsam zumute. Die selige Vorfreude aller vergangenen Jahre, an diesem 24. Dezember wollte sie sich nicht einstellen. Das Bild der Nachbarhaus-Mädchen, wie sie immer wieder Ausschau hielten nach der Mutter, schob sich dazwischen. Ein Weihnachtsabend ohne die Mutter – das war unvorstellbar, war Angst und Schrecken für Elli. Der Gedanke daran und an die Nachbartöchter war wie eine Wolke über ihr. Ein erster Einbruch des Dunkels dieser Welt war es.

Als Elli die Kerze im Innern des Häuschens löschte – zum letztenmal in diesem Jahr –, hatte sie das seltsame Gefühl, daß an der hinteren Seite des Häuschens, da, wo kein Fensterchen und keine Tür mehr war, ein kleines Tor sei, hinaus in die Dunkelheit der Wand, in die Dunkelheit draußen. Elli schaute ihr Häuschen noch einmal an, wie jedes Jahr um diese Zeit. Und sie fürchtete sich ein bißchen, wußte aber nicht recht, wovor. Ein Hauch des Rauhen, Kalten hatte sie gestreift – des Jenseits von Weihnachten.

Weihnachtsfreid suacha

I hab Weihnachten g'suacht
seit i koa Kind nimmer bin.
I kann's net sag'n, was i moan,
i g'spür's bloß inwendi drin.

I suach bloß de Wärm und de Freid
auf koa G'schenk, auf gar nix Gwiß',
i suach den seligen Glanz,
wia er in Englsgsichtln drin is.

I hab Weihnachten g'suacht
und hab g'schaugt, wo i's find.
Am ehesten hab i gmoant:
bei de Eltern, beim Kind.

Die Eltern ham koa Zeit ghabt,
ham g'arwat und g'hetzt
ham von Weihnachten g'redt
und bloß's Geld g'moant auf d'letzt.

Die Kinder ham Wünsch g'habt,
allwei größer jeds Jahr,
allwei technischer 's Spielzeug,
sonst waar's ja ganz gar.

I hab Weihnachten g'suacht
auf Weg und auf Gassen,
in Fußgängerzonen,
auf Marktplätz und Straßen,

in Hochhäuser und Villen,
in der Stadt, auf'm Land.
I hab's nirgends g'funden,
dafür allerhand:

des maßlose Fordern,
die Eitelkeit,
die Ich-Sucht, die Kältn,
die Gleichgültigkeit.

D 'Leit ham ma oft leidto,
san im Finstern so tappt,
ham vom Glanz, von der Wärm
koa Ahnung net ghabt.

I hab Weihnachten g'suacht.
Ob i's finden wohl kann?
Da müaßt ma wohl hi'geh,
wo große Wünsch nimmer san.

Da schaugt ma wohl am besten zua
bei arme, bei einsame Leit.
De g'spürn no des Liacht und die Wärm
und die sonderbar glanzete Zeit.

Bloß a bescheidenes Wünschen no
lebt da in de Herz'n.
Ma g'spürt den Zauber der Mettennacht
und g'freit si am Glanz von de Kerz'n.

Drum moan i: Des Weihnachten, des i suach,
is die Botschaft aus uralter Zeit,
die ausgeht vom Kripperl, des koa G'schenk uns
                                    verhoaßt,
sondern schlicht sagt: G'freit's eich, ihr Leit!

Die großen Geschenke der Kriegsweihnacht

17. Dezember 1944: Das war ein banger Winter-
sonntag gewesen. Ich war aufs Land gefahren, zu
»meinem« Bauern, um ein bißchen »Christtags-
freude holen zu gehen«, anders noch, wie es Peter
Rosegger einst gemeint hat. Ich bekam auch wirklich einiges mit, was für die damalige Zeit Weih-
nachtsfreude bedeuten konnte: eine Flasche rah-
mige Vollmilch, Eier, Butter und ein bißchen
Fleisch von einer Schwarzschlachtung, von der mit-
leidigen Bäuerin hinter dem Rücken des Bauern mir
zugesteckt.

Ganz zufrieden fuhr ich mit zwei großen Taschen
per Bahn heim. Zwischen zwei Fliegeralarmen waren wir aus dem kleinen Dorf abgefahren. Die Fahrt
durch die nachtdunkle Landschaft war voller ängst-
licher Spannung, ein ständiges Auf-dem-Sprung-
Sein, ein Hinaushorchen in die unheimliche stille
Nacht. Endlich langten wir in München an und
machten uns alle erleichtert zum Aussteigen bereit.
Im gleichen Moment, als ich meinen Fuß vom
Bahntrittbrett auf Münchner Boden setzte, heul-
ten die Sirenen auf. Bahnpolizei trieb alle in die
nächsten öffentlichen Luftschutzkeller. Eine vom
Selbsterhaltungstrieb gepeitschte Menschenherde

rannte in panischem Entsetzen vorwärts, hin zum nächsten Schutzraum. Blinde, kopflose Flucht über dunkle Straßen und unbekannte Höfe, über schlecht beleuchtete Treppen hinunter in kalte Kellerschutzräume. Erschöpftes Niedersinken und Atemholen, unsicheres Blinzeln in das Licht der armseligen Glühbirnen – vorläufig in Sicherheit!

Immer neue Wellen angstgejagter Menschen werden hereingespült. Draußen hat das Inferno begonnen: Dumpfe Einschläge, immer näher – jetzt der erste heftige Stoß, als käme er aus der Erde direkt unter uns. Das beklemmende Schweigen macht angstvollem Murmeln Platz, als die trüben Glühbirnen plötzlich verlöschen. Aber schon sind die Luftschutzwarte da und brüllen: »Alles sitzenbleiben – es ist nichts passiert, niemand verläßt den Raum!«

Surrend setzen sich die Notlichtmaschinen in Bewegung, müde flackert das trostlose Licht wieder auf und legt sich über die blaß gewordenen Gesichter. Einige Frauen beten laut und mit der Inbrunst der Todesangst den Rosenkranz. Der alte Mann mir gegenüber sitzt noch immer ruhig da, aber die Hände, die er über seinem Stock gefaltet hat, zittern.

Immer neue Stöße, neues berstendes Krachen. Im Vorraum des Luftschutzkellers stürzt ein kleines Stück Wand ein. Panik droht aufzukommen, Frauen springen auf und wollen in blinder Angst irgendwo hinaus, Kinder schreien und weinen – und dazwischen brüllen die Luftschutzwarte: »Ruhe bewahren – sitzenbleiben!«

Wieder eine Welle – wieder Pause, Aufatmen, Luftholen, wieder das Toben der Vernichtung. Gerade vor dem Notausstieg ist ein Brandkanister gelandet, durch den Spalt zwischen den Eisenflügeln sieht man den Flammenschein. Eine brandige Wolke zieht sich herein. Der Raum muß noch vor der Entwarnung wegen Rauchgefahr verlassen werden.

Dann stehe ich draußen und versuche meinen Heimweg anzutreten. Ein gigantisches Bild rasender Vernichtung ringsum – und über allem die unheimliche taghelle Illumination des Feuers – heißer brandiger Qualm. Ein Feuersturm fegt über die ganze Stadt.

Der Weiterweg ist ein einziger Umweg – brennende Häuserblöcke, über die Straße gestürzte Mauern verhindern oft das Durchkommen. Und überall könnten Blindgänger liegen. Rauch und Qualm beißen in den Augen, Rußfunken tanzen durch die

Luft wie Flocken. Über die fest gefrorene Decke eines Löschteichs – wie sie in der Stadt zur Brandbekämpfung überall angelegt worden waren – wandern zu Tausenden rotglühende Feuerfunken, vom Sturm getrieben – bei aller Entsetzlichkeit ein packend schönes Bild.

Irgendwann dann, kaum bemerkt auf dieser Wegsuche, die Entwarnungssirene. Das letzte Stück Weg – ich kann nicht mehr, muß an einer Straßenecke rasten. Plötzlich steht ein junger Soldat vor mir und erbietet sich, mir mein Gepäck tragen zu helfen. Er hängt sich eine meiner gewiß nicht leichten Taschen an den Arm und trägt sie, ohne abzusetzen, bis zu meiner Straße. So ganz nebenbei erzählt er mir, daß er heute wohl noch die ganze Nacht durchwandern müsse, um am Morgen in seinem Standort Schleißheim zu sein. Er sei in Westfalen zu Hause und habe von seiner kleinen Frau schon seit Monaten keine Nachricht mehr. Er ist durch nichts aus seiner stoischen Ruhe zu bringen. Aber die hat nichts von dem Frohen, Gemütlichen einer phlegmatischen Natur. Es ist eine Art Erstarrung, eine Gleichgültigkeit gegen diese furchtbare Wirklichkeit, die dem Selbstschutz dient.

Der Himmel hängt brandrot über uns, als wir schweigend das letzte Stück Weg gehen. Dann bin ich endlich zu Hause, an meinem unversehrten Heim. Erlösung und ein großes Dankbarkeitsgefühl löschen für den Augenblick alles andere aus. Der junge Soldat aber wandert in seiner apathischen Ruhe weiter, dorthin, wo Himmel und Erde dunkel sind.

Später, als wir – meine Mutter und ich – ein stilles, schlichtes Weihnachten feierten, zählten wir zusammen, was wir an Geschenken erhalten hatten.
Die kleinen Geschenke waren in diesem Fall die Lebensmittel, wenn sie uns auch sehr willkommen waren und viel Festfreude brachten.
Die Geschenke aber, die man nicht anfassen und nicht essen konnte, das waren die *großen:* das Glück, unversehrt heimgekommen zu sein, ein unzerstörtes Zuhause und einander gesund vorgefunden zu haben – und das Glück, auf hilfsbereite Menschen gestoßen zu sein: auf die Bäuerin, die half, wo sie konnte, und auf den jungen Soldaten, der sah, wo Hilfe nötig war, und ohne viele Worte einsprang, an seine eigenen Sorgen nicht dachte. Diese Geschenke Weihnachten 1944 waren die größten,

und ihnen antwortete ein tiefes, warmes Gefühl: Dankbarkeit. Es sollte uns auch heute, im Wohlstand, nicht ganz fremd geworden sein.

Die verbotene »Stille Nacht«

Kriegserinnerung nach einer Tagebuchnotiz

24. Dezember – Heiliger Abend. Warum, denke ich, warum eigentlich immer wieder dieser eine Tag? Das Jahr hat doch 365 Tage. Aber schon als Kind wußte man: Dieser Tag war ein besonderer, war der *eine* Tag des Jahres.

Manchmal möchte man ihn weghaben aus dem Gedächtnis, diesen Tag. Aber es geht nicht, zu viele 24. Dezember hat man schon erlebt. Warum denke ich immer gerade darüber nach?

Da sind sie schon wieder, diese unvermeidlichen Gedanken, die man verdrängen möchte und die doch immer wieder kommen, das »Weißt du noch«, das an einen ganz bestimmten Heiligen Abend erinnert.

Weihnachten 1944. Wir lagen mit unserer Einheit – Reichsarbeitsdienst-Flak – am Stadtrand von Wien. Wir waren alle um die achtzehn Jahre alt. Schon waren einige von uns bei Bombenangriffen ums Leben gekommen. Aber sind achtzehn Jahre schon ein Leben gewesen? Siebzehnmal Weihnachten. Die Kindheit war erst gestern.

Wien, die Walzerstadt, die Kaiserstadt – diesen viel-
besungenen Zauber hatte sie für uns nicht. Lichtlos
lag sie in der Verdunkelung, kriegsmäßig trist, grau.
Das bißchen Leichtlebigkeit und wienerische Fröh-
lichkeit war nur wie ein hektischer Krampf vor dem
dunklen Hintergrund der Angst.
24. Dezember 1944 also. Die Geschützrohre standen auf 0°. Beim Morgenappell markige Worte des
Abteilungsführers:
»Julfest« sei heute – Sonnenwende. So wie die
Sonne jetzt wieder höher steige, desto näher rück-
ten wir dem Endsieg. Wir Männer müßten stark
sein, dürften uns nicht weich machen lassen von
dem sogenannten Weihnachten – so bellte es über
den Appellplatz. »Stille Nacht«, das sei kein Lied
für Kämpfer. Der Befehl lautete klar und deutlich:
In wessen Unterkunft dieses Lied erklinge, der habe
mit Ausgangssperre, Wacheschieben und ähnlichen
Strafen zu rechnen.
Der Tag verging schnell, er war kurz. Dann kam die
Dämmerung, der Abend, die heilige Nacht. Was
durften wir nicht singen? »Stille Nacht, heilige
Nacht« – das uralte deutsche Weihnachtslied, das
wir von Kindheit an kannten und liebten. Erlaubt

war nur »Hohe Nacht der klaren Sterne«. Aber wer konnte das schon so ganz genau?

Der Abteilungsführer schlich sich an den Unterständen vorbei, lauernd und lauschend. Der Posten sah ihn. Er hatte längst die Kameraden gewarnt. Und so hörte der Markige nirgends ein »Stille Nacht«. Das befriedigte ihn. So war es recht: ein echtes deutsches »Julfest«. Als er in der Offiziersbaracke mit den Seinen feierte, gab es nur eine Kerze, die Schnapsflasche und den gegrölten »Westerwald«.

In den Unterkünften aber begann nach dem Zapfenstreich im Dunkeln unter den Schlafsäcken ein seltsames Summen. Leise, vorsichtig, tief versteckt, begann erst einer, dann stimmten andere mit ein, dann immer mehr: »Stille Nacht – heilige Nacht!« Und die Tränen, die den Buben, die Männer sein mußten, über die Backen liefen, die sah keiner.

Freude schenken

Behaglich warm war es im Zimmer, und draußen vor dem großen Fenster tanzten die Flocken. Die kleine Fremdenpension war geschmackvoll und komfortabel eingerichtet und vermittelte ihren Gästen das Gefühl wohliger Geborgenheit.

Werner dehnte sich behaglich in dem bequemen Lehnsessel. Verlängertes Wochenende – fast eine Art kleiner Winterurlaub! Alles Alltägliche lag fern, jetzt war er mit der Familie in diesem kleinen Wintersportort im Voralpengebiet. Wie hatten sich alle darauf gefreut – seine Frau Maria, der Bub und nicht zuletzt auch Werner selbst. Endlich wieder einmal der Familie leben, spazierengehen in der klaren Winterluft, ein bißchen Langlauf, und im übrigen einfach nur das tun, was einem Freude machte, ohne Termine, ohne Hetze.

Ein wenig gelangweilt blätterte er in der kleinen Heimatzeitung des Ortes, die auf dem Tisch lag: Die üblichen Berichte von Gemeinderatssitzungen, Vereinsabenden und Vorträgen, Marktberichte vom letzten Wochenmarkt, Gratulationen und Todesfälle. Fast wider Willen blieb sein Blick an einer kurzen Meldung hängen:

»Im hiesigen Altersheim verstarb im begnadeten Alter von 95 Jahren Frau Walburga Markgraf aus K. Allgemein beliebt bei allen Heiminsassen, hatte sie das letzte Jahrzehnt ihres Lebens im Heim verbracht, nachdem ihr Ehegatte sie schon vor langen Jahren für immer verlassen hatte. Ihr einziger Sohn ist in Rußland vermißt. Und es war Walburga Markgrafs größter Schmerz, daß sie ihn nicht mehr sehen durfte, nachdem ihr seine Heimkehr bereits einmal angekündigt worden war. Bis in ihre letzten Stunden hinein verließ sie nicht die Hoffnung auf ein Wiedersehen mit ihm. Ein Leben voll der Liebe, Sorge und Aufopferung für die Ihren, voll von Arbeit und Mühen, ging zu Ende.«

Werner las die paar Zeilen noch einmal und noch einmal: Markgraf – Markgraf? Dann las er bewußt noch einmal den Namen des Ortes, aus dem die alte Frau gekommen war, ehe sie ins Altersheim ging. Auch diesen Ort kannte er von irgendwoher. »Markgraf« hieß sie? Und plötzlich zerriß ein greller Blitz des Erkennens das Dunkel des Vergessens. Und alles war wieder da, jede Einzelheit, mit brennender Deutlichkeit: Damals, vor 35 Jahren . . .

Der Vorortzug ratterte eintönig durch den winterlichen Abend. Weites, flaches Land flog draußen vorbei, stellenweise mit einer dünnen Schneeschicht bedeckt – öde Felder und Wiesen, die dunklen Balkenstriche der Wälder, verstreute Häuschen mit Lichteraugen, die Stationen, an denen der Zug nicht hielt, ein kleines Aufleuchten, dann wieder das Dunkel und das Gleichmaß der Räder. Auf manchen der Dorfbahnhöfe strahlte ein Bäumchen mit elektrischen Kerzen, der Gemeinde-Christbaum. Denn in ein paar Tagen war Weihnachten.

Werner sah auf das Päckchen, das er auf den Knien hielt. Es enthielt einen kleinen Christstollen. Mechanisch strichen seine Finger immer wieder das Papier glatt. Es sollte ein Weihnachtsgeschenk sein für zwei alte Leute da draußen auf dem Dorf. Nein – kein Weihnachtsgeschenk. Ein kleines Trostzeichen, vielleicht auch ein Mittel zur Milderung einer großen Traurigkeit. Denn den beiden alten Leuten hatte der Krieg den Sohn genommen, aber sie wußten es noch nicht. Werner, der im gleichen Gefangenenlager in Rußland gewesen war wie der Kamerad Gustl Markgraf, hatte noch immer die Stimme der Rotkreuzhelferin im Ohr, die ihn nach Kameraden ausgefragt hatte:

»Gehen Sie zu Markgrafs Eltern und bringen Sie ihnen Gewißheit! Es sind alte Leute, und es wird sie schwer treffen. Aber es ist immer noch besser als die Ungewißheit!«

Werner war sogleich diesem Rat gefolgt wie einer Pflicht, noch immer in der halben Stumpfheit und Ergebenheit, die ihn in den letzten Jahren der Kriegsgefangenschaft beherrscht hatte. Es schien ihm eine Arbeit, die getan werden mußte. An die Weihnachtszeit hatte er dabei kaum gedacht.

Als er jetzt nervös nach Hut und Mantel griff und das Päckchen unter den Arm klemmte, während der Zug seine Fahrt verlangsamte, überfiel ihn plötzlich eine Art Panikstimmung: Wenn ich nun die richtigen Worte nicht finde – was muß ich denn sagen – wie werden sie es aufnehmen . . .

Der Bahnhof war nicht anders als all die anderen kleinen Dorfbahnhöfe: Ein häßlicher dunkelroter Ziegelbau mit ein paar trostlosen Lampen über dem Perron. Neben dem Gebäude stand auch hier der Gemeinde-Christbaum. Im Schein seiner elektrischen Kerzen las Werner noch einmal den Zettel mit der Adresse. Dann, während er zögernd die Hauptstraße hinunterging, wälzte er wieder die gleiche Frage in seinem Kopf herum: Wie sage ich es am besten – wie wird es sein?

Aus dem Wirtshaus an der Straßenbiegung drang fröhlicher Lärm. Und der Mann, der eben herauskam, strömte etwas vom seligen Behagen in der Wärme und beim Alkohol in der Vorfreude auf einige Ruhetage aus. Er gab Werner auf seine Frage mit freundlicher Umständlichkeit eine genaue Beschreibung des kurzen Weges zu der Siedlung, in der die Markgrafs wohnten.

Diese Siedlung bestand fast nur aus einer nicht allzu langen Straße. Links und rechts standen die Häuschen mit ihren Gärten. Der Kies unter der kaum deckenden dünnen Schneeschicht knirschte unter seinen langsamen Schritten, als Werner die Häuser aufmerksam abzählte. Halt – hier mußte es sein.

Er gab sich Mühe, die Gartentüre nicht zu laut einschnappen zu lassen, und vor der Haustüre kratzte er unnötig lange den Schneematsch von den Schuhen, bevor er nach einem letzten Zögern auf die Klingel drückte.

Es dauerte nicht lange, und drinnen wurden Schritte hörbar, und die kleine Lampe über der Haustüre leuchtete auf. Eine jüngere, robust aussehende Frau öffnete die Türe einen Spalt weit und schaute mißtrauisch auf den Fremden. Als Werner höflich nach der Familie Markgraf fragte, öffnete sie ein wenig weiter, ließ ihn eintreten und wies kurz einen spärlich erleuchteten Gang hinunter:

»Da hinten, die letzte Tür ist es!«

Werner dankte und ging langsam die wenigen Meter bis zu der bezeichneten Türe. Seine eigenen Schritte schienen ihm plump, brutal und überlaut. Als er an die hellgestrichene Türe klopfte und eine dünne Stimme »Herein« rief, gab er sich einen letzten Ruck und öffnete.

Das Zimmer war klein und sehr bescheiden mit wenigen, nicht mehr neuen Küchenmöbeln ausgestattet. Ein gelber Lampenschirm warf einen warmen Schein auf den Tisch, der mit sauberem, hellem Wachstuch belegt war. Es war warm in dem Raum, und ein wenig Küchendunst und ein ganz leichter Geruch nach feuchten Zimmerwänden mischten sich in der Luft.

Werner nahm das alles schnell und überdeutlich wahr. Dann schaute er auf die beiden Alten. Die Frau, klein und mager und wie fröstelnd in sich selbst zusammenkriechend, saß in einer grauen Wolljacke und einer ausgewaschenen Schürze auf einem weißgestrichenen Küchenstuhl und strickte an einem Wollsocken. Ihre Haare, in der Mitte gescheitelt und zurückgekämmt, zu einem rührend kleinen Knötchen auslaufend, wirkten dünn und schimmerten silbrig, ihr Gesicht war ein kleines, faltiges Apfelgesichtchen. Der alte Mann, halb liegend, halb sitzend auf dem alten abgenutzten Kanapee, schien einmal ein großer, stattlicher, wenn auch schlanker Mann gewesen zu sein. Jetzt war er nur mehr ein knochiges, von Husten geschütteltes Bündel Mensch mit tiefliegenden fiebrigen Augen und einem schlohweißen Schopf. Eine braune Wolldecke über den Knien und ein weißes Kopfkissen an der Seite – so hockte der Alte zusammengesunken dort und starrte mit müden Augen auf den Fremden. Auch die alte Frau schaute über den Strickstrumpf weg mit einem halb neugierigen, halb mißtrauischen Blick auf den Besucher.

Jetzt mußte Werner reden. Er räusperte sich ein paarmal die Beengung weg und sagte dann mit einem entschlossenen Ruck:

»Guten Abend – entschuldigen Sie, wenn ich so spät noch störe. Ich – ich bin Werner Wagner, und ich war eine Zeitlang mit Ihrem Sohn Gustl zusammen im Gefangenenlager in Rußland!«

Das wirkte wie eine Zauberformel. Die Mutter legte den Strickstrumpf weg und schlug die Hände zusammen:

»Mit dem Gustl, mit unserem Gustl waren Sie zusammen – in Rußland? Sie sind ein Kamerad von Gustl – ja, warum sagen Sie denn das nicht gleich – bitte schön, kommen Sie doch herein!«

Sie stand auf und schob ihm eilfertig einen Stuhl

hin, nicht ohne zuvor schnell und heimlich mit dem Schürzenzipfel darübergewischt zu haben. Genau wie meine Mutter, dachte Werner, alle Mütter sind in manchem gleich. Er schloß die Tür hinter sich und kam etwas unsicher zum Tisch.

Der Alte hatte sich nach einem kurzen, heftigen Husten aufgerichtet und schaute mit großen Augen erregt und gespannt auf Werner. Das heisere Murmeln, das er dazu hören ließ, waren wohl die Begrüßungsworte. Die Mutter trippelte in ihrer Aufregung ein paarmal nutzlos um den späten Gast herum, bevor sie sich wieder setzte.

Und dann kam die gefürchtete Frage:

»Ja, wie geht es ihm denn, dem Gustl – lebt er – wo ist er? Wir wissen gar nichts von ihm! Lebt unser Gustl – geht es ihm gut?«

Werner sah das aufgeregt gerötete Apfelgesichtchen vor sich mit den großen blauen ein wenig wässrigen Augen, fragend, warm, vertrauend. Er sah zu dem Alten hin. Auch hier der fragende Blick, die ängstliche Spannung in dem raschen Atem, der die eingefallene Brust hob und senkte. Es war, als hielte die ganze Stube den Atem an.

Das war der entscheidende Augenblick. Werner wollte schweigen zu dieser Frage und die Augen senken. Alle Worte schienen ihm plötzlich fortgeflogen zu sein, nichts blieb mehr vor dem quälend deutlichen Bild vor seinem inneren Auge: Der Kamerad Gustl Markgraf, abgezehrt und eingefallen auf seinem letzten Lager in der Krankenbaracke – und dann später die verdeckte Bahre, die sie hinaustrugen. Er wollte also schweigen dazu, um den beiden Alten das schreckliche Wort nicht laut sagen zu müssen, um ihnen den Klang dieses Wortes nicht so entsetzlich laut werden zu lassen. Und er hoffte und fürchtete zugleich, daß sie aus diesem Schweigen die für sie furchtbare Wahrheit erkennen würden.

Irgend etwas in der Stube – er wußte nicht genau, was – erinnerte Werner plötzlich an das nahe Weihnachtsfest. War es das lamettageschmückte Tannenzweiglein hinter dem billigen Buntdruckkalender, war es der kleine Teller mit Gebäck auf der Anrichte – plötzlich wußte Werner wieder, daß in ein paar Tagen Weihnachten war – und es durchfuhr ihn heiß und kalt: Weihnachten – das bedeutet ja etwas: Fest der Freude und des Glücks – fröhliche selige Weihnachtszeit – – und hier: das Schweigen, die Wahrheit, die jede Freude töten mußte – die Gewißheit, die sein mußte – das Nicht-mehr-zurück-Können . . .

Da waren dicht vor ihm die großen, angstvoll fragenden Augen, die zu ihm hin vorgebeugte Gestalt der Mutter, in deren Blick halb unbewußt das Flehen stand: Nein – bitte, laß es nicht wahr sein! Da war die zittrige Hand des Alten, die nur mehr aus Knochen und faltiger Haut zu bestehen schien, wie die Hand eines Toten, über den Tisch hin geschoben, wie um die Antwort zu erfassen.

Das alles sah Werner in einigen Sekunden. Und dann sagte er ganz ruhig mit einer ihm selbst völlig fremd klingenden Stimme direkt in die fragenden Augen hinein:

»Ja, er lebt, Ihr Sohn – und es geht ihm gut, denn er arbeitet in der Küchenbaracke!«

Das genügte, um die Spannung zu lösen. »Er lebt – es geht ihm gut!« wiederholte die Mutter leise, noch wie betäubt. Dann aber wandte sie sich zu dem alten Mann hin und faßte erregt sein Handgelenk:

»Hast du's gehört, Vater – er lebt, der Gustl lebt – und es geht ihm gut! Er lebt – ich hab' es ja immer gesagt, ich hab' immer daran geglaubt! Unser Gustl, Vater!«

Das letzte war nur mehr ein Aufschluchzen der Freude, und die hellen Tränen liefen über die faltigen Bäckchen.

Der Alte nickte vor sich hin und lächelte wie erlöst. »Ja, Mutter«, brümmelte er, »unser Gustl – Gott sei

Dank, er lebt, er . . .« Ein neuer Hustenanfall ließ ihn verstummen.

Werner starrte krampfhaft vor sich hin auf den Tisch, und das blaue Muster des Wachstuchs begann vor seinen Augen zu tanzen. Er fühlte, wie ihm überall der Schweiß ausbrach. So hatte er sich's nicht vorgestellt.

Die Mutter wandte sich wieder ihrem Gast zu: »Aber warum haben wir nie etwas gehört von ihm? Auch das Rote Kreuz hat uns nichts sagen können!«

Das Rote Kreuz – Werner verdrängte gewaltsam das Bild der Rotkreuzschwester, die ihm so eindringlich geraten hatte, Markgrafs Eltern die Wahrheit zu sagen. Er konzentrierte sich mühsam auf das Bild des Kameraden Hans, der im Lager in der Küchenbaracke gearbeitet hatte und dem er die Züge Gustl Markgrafs leihen wollte.

»Wir durften nicht schreiben«, sagte er. »Es gibt noch viele Lager in Rußland, die Schreibverbot haben. Aber ganz plötzlich kommt man dann eines Tages in ein anderes Lager, aus dem man schreiben darf und Briefe bekommen kann. Und dann, ebenso plötzlich, wird man vielleicht eines Tages ganz schnell entlassen. So geht es vielen, so ist das eben in diesen Lagern, niemand weiß, warum und wann. Und so wird es sicher auch Ihrem Sohn – Ihrem Sohn Gustl gehen!«

Beinahe hätte er statt »Gustl« »Hans« gesagt. Er spürte die Schweißtropfen auf seiner Oberlippe, und seine Finger fuhren in nervöser Verlegenheit immer wieder den Rand der Schachtel nach, die er auf den Knien hielt, ohne daß er merkte, was er tat.

Die Alten hatten fast andächtig zugehört und nickten ernsthaft dazu. Es war viel Traurigkeit und ein dumpfes Nichtverstehenkönnen in ihren Gesichtern. Aber die Mutter wandte sich rasch wieder der Freude zu. Die Dankbarkeit für den Fremden, der ihr diese Nachricht gebracht hatte, strahlte warm aus ihren Augen.

»Und Sie sind also sein Kamerad gewesen!« sagte sie. »Mein Gott, Sie werden auch froh sein, daß Sie jetzt daheim sind! Haben Sie auch Eltern, die auf Sie gewartet haben?«

Werner bejahte knapp und schwieg in seiner Hilflosigkeit. Aber die Mutter war mit ihren Gedanken schon wieder beim Sohn:

»Nein, unser Gustl – es geht ihm gut! Und Sie meinen wirklich, daß er vielleicht ganz plötzlich – und vielleicht schon bald – heimkommen wird?«

»Ja – ganz sicher glaube ich das!« antwortete Werner und bemühte sich nach Kräften, Überzeugung in seine Worte zu legen. Aber die Mutter war viel zu aufgeregt, um auf den Unterton zu horchen. Sie stand wieder auf und humpelte zum Küchenschrank. Die alten Beine waren wohl schon ein bißchen steif und wollten nach dem Sitzen nicht mehr recht mit. Und Werner sah jetzt erst richtig, wie zart und klein und alt diese Mutter war, wie verehrungswürdig und rührend.

Zwischen Lachen und Beschämung meinte sie ein bißchen verlegen:

»Nein – und ich lasse Sie so dasitzen und denke an gar nichts – wo Sie uns doch so eine Freude bereitet haben!« Und sie brachte eifrig Gläser und Tellerchen herbei und stellte, noch bevor Werner seinen raschen Protest anbringen konnte, die Schale mit Weihnachtsplätzchen auf den Tisch.

Der alte Mann nickte lebhaft dazu und murmelte:

»Jaja, hast recht, Mutter! Bring auch den Likör her – das ist ein Tag heute – jaja!« Mit seinen knochigen, zittrigen Händen zog er aufgeregt an seiner Decke und nickte immer wieder vor sich hin.

Werner lehnte fast bestürzt ab und entsann sich erst jetzt seines kleinen Geschenkes, das er noch immer auf dem Schoß hielt. Mit ungeschickten, halb gestotterten Worten überreichte er es und stand hilflos vor der bescheidenen Abwehr und der Dankbarkeit der beiden Alten. Nur unter der Bedingung wollten sie den kleinen Christstollen annehmen, daß Werner sich noch ein wenig zu ihnen setze – »Sie, als Kamerad von unserem Gustl!« sagte die Mutter strahlend – und mit ihnen ein Gläschen Likör trinke. Werner sah, daß er mit einer Absage die beiden Alten gekränkt hätte, und rückte unbehaglich zum Tisch. Er trank mechanisch und ohne den Geschmack des Likörs wahrzunehmen. Auch von den Plätzchen in der Schale, den Sternen und Ringen, mußte er kosten und sie loben, und das Apfelgesichtchen strahlte vor Glück.

Die Mutter fragte immer wieder nach dem Gefangenenlager in Rußland, denn ihre Gedanken umkreisten unentwegt den Sohn. Werner mußte erzählen, immer wieder erzählen, vom Lager und den Kameraden, wie das Essen war und die Behandlung – und immer wieder vom Gustl, was er denn so treibe und was er tun müsse und ob die Arbeit sehr schwer sei und die Russen recht unmenschlich. Und immer wieder wurde er mit den Worten unterbrochen: »Mein Gott, der Gustl – wenn er heimkommt!«

Werner fand sich in seine Rolle als Erzähler. Denn vom Lager und den Kameraden konne er ja erzählen. Es war ja alles noch so frisch, so schmerzlich frisch. Und er erfuhr seinerseits, daß die beiden alten Leute in der Stadt ausgebombt und hierher in das Dorf evakuiert worden waren mit den paar Habseligkeiten, die sie gerettet hatten. Sie bewohnten hier außer der Wohnküche noch eine kleine Schlafkammer. Die alte Heimat, die Stadt, war nach dem Krieg groß geworden und hatte keinen Platz mehr für die alten Leute, und so waren sie auf dem Dorf geblieben. Sie lebten beide von einer kärglichen Rente, aber sie beklagten sich nicht.

Die einzige Sorge galt nun dem Sohn: Wenn der Gustl jetzt heimkomme, dann finde er nur diese Stube vor, nicht mehr sein altes Vaterhaus, die Stadtwohnung. Aber Werner konnte sie damit beruhigen, daß er ihnen versicherte, wer aus der Gefangenschaft komme, dem sei die kleinste Stube ein Paradies, und der Gustl wäre sicher glücklich und zufrieden, wenn er hier bei den Eltern leben könne. Ja, sicherlich wäre das so beim Gustl, wenn er – und hoffentlich recht bald – heimkomme. Der Gustl – Werner besann sich und stellte bei sich bestürzt und mit einem leisen Grauen fest, daß er schon zielsicher das Bild des Kameraden Hans zeichnete und von ihm sprach – mit dem Namen eines Toten.

Die Zeiger der Küchenuhr wiesen endlich auf die Zeit, da Werner aufbrechen mußte, um rechtzeitig zum Zug zu kommen. Er stand rasch auf und verabschiedete sich. Die Alten bedauerten, daß er schon gehen müsse, und die Mutter wollte ihm unbedingt noch ein paar von den Weihnachtsbacksternen zustecken, »zur Wegzehrung«, wie sie scherzend sagte. Werner wußte, daß es aus Dankbarkeit geschah, und sträubte sich.

Dann mußte er immer wieder die alten Hände drükken, die knochigen, schwachen, fieberheißen des alten Mannes, die immer wieder nach ihm griffen und das ausdrücken wollten, was die heisere Stimme nicht mehr sagen konnte, und die kühlen, verhutzelten kleinen Hände der Mutter. Und er wußte, daß er ihnen als Kamerad ihres Sohnes lieb und vertraut geworden war.

Die alte Frau brachte ihn zur Haustüre und verabschiedete ihn nochmals mit warmen, fast mütterlich-zärtlichen Worten. Erst lange, nachdem er das Gartentor hinter sich hatte einschnappen lassen, hörte er das Schließen der Haustüre und wußte, daß die alte Frau im Türrahmen stehengeblieben war, um ihm glücklich nachzusehen. Und er wußte auch: Jetzt saß sie wieder bei ihrem kranken Mann in der armen, kleinen Stube, und sie sprachen vom

Gustl und machten Pläne und schauten sich immer wieder selig an.

Werner schaute nicht zurück und nicht vor sich auf die Häuser der Straße. Er hatte den Mantelkragen hochgeschlagen und die Hände in den Taschen vergraben und starrte auf seine Füße hinunter, die sich in einem sonderbar eiligen, kleinschrittigen Rhythmus fortbewegten, gar nicht in seiner sonstigen ruhigen Art zu gehen. Wieder knirschte der Schnee, die hauchdünne harschige Decke, unter seinen Schritten, und wenn er in eine kleine gefrorene Pfütze trat, dann splitterte mit einem glaszarten spröden Laut das Eis unter seinen Schuhen.

Er sah auch nicht auf, als er in die Gerade der Dorfstraße einbog, die zum Bahnhof führte. Nur wenn ihn ein entgegenkommender Wagen blendete, orientierte er sich mit einem raschen Blick und wich aus, dann hastete er wieder weiter, mit tief gesenktem Kopf. Viel zu früh war er am Bahnhof.

Ein wilder, eiskalter Wind pfiff um die Ecken des Stationsgebäudes und ließ die zwei trostlosen kleinen Lampen hin- und herschaukeln. Der kleine Gemeinde-Christbaum bewegte im Wind die Zweige wie hilflose Händchen auf und nieder, und seine Kerzen warfen tanzende Reflexe auf die rußige

Bahnhofsmauer. Ein paar junge Leute lehnten am Perrongitter, die Hände in den Hosentaschen, ein wenig großspurig, ein wenig so, wie sie sich lässige Überlegenheit vorstellten, ein wenig hilflos und verlegen, und unterhielten sich laut über den nächsten Film, den sie sich ansehen wollten.

Werner mied die windgeschützte Ecke, in der sie standen. Er spürte nicht viel vom Wind, der an seinem Mantel zerrte. Den Hut tief ins Gesicht gezogen, den Kragen hochgeschlagen, vergrub er sich in sich selbst und lehnte regungslos am hölzernen Perrongitter. Eiseskälte kroch ihm langsam in alle Glieder und lähmte ihn. Eine Zentnerlast spürte er auf den Schultern, und sie ließ ihn immer tiefer in seinen Mantel hineinkriechen – schwer wie Blei waren die Füße.

Mühsam und halb steifgefroren richtete er sich nach einer langen Weile auf. Er mußte sich etwas Bewegung machen, um nicht zu erstarren. Er sah nur die unendliche Trostlosigkeit und Häßlichkeit des Bahnhofs mit den nackten, grellen kleinen Lampen, deren schaukelnder Lichtkreis die dichte Dunkelheit draußen jenseits der Schienen nicht weit durchdringen konnte, die vom Rost angefressene eiserne Tafel mit dem aufgeklebten Blatt, auf dem die Abfahrtszeiten standen, und das von Tausenden von Händen im Laufe der vielen Jahre blankgegriffene Holz des Perrongitters. Und der Wind jaulte noch immer.

Werner machte ein paar unsichere Schritte in der Runde. Selbst die Tanne mit ihren Lichtern schien ohne Verheißung. Er wandte sich mechanisch zu dem kleinen Kiosk, einer Bretterbude, in der es tagsüber Süßigkeiten, Limonaden, Zigaretten und Zeitschriften zu kaufen gab. Jetzt war die Bude geschlossen, und der Wind riß an den bunten Fetzen der Zeitschriften-Reklameblätter: Leere, lächelnde Mädchengesichter, rührselige Weihnachtsbildchen, kitschig-süße Putten und wieder lächelnde Frauen – ein buntes, sinnloses, grelles Karussel an der derben Bretterwand. Quer darüber die dicken Schlagzeilen aus dem Inhalt: Skandale, Romane, Tatsachenberichte, praktische Winke, Kriminalberichte, Politik – und über den Titelblättern einiger Weihnachtsnummern die üblichen Tannengirlanden, Kerzen oder Engelchen und die Friedensbotschaften und feierlichen Leitartikel: »An unsere Leser« – und immer wieder »Friede – frohe Weihnacht – Ehre sei Gott in der Höhe – gesegnetes Fest – Freude schenken . . .«

. . . Freude schenken – Freude schenken – – dieses Wort inmitten des Durcheinanders von Sentimenta-

lität, Geschäft und Reklame: Freude schenken . . .
Plötzlich griff Werner nach dem Blatt mit diesen
Worten und riß es mit einem heftigen Ruck ab.
Dann zerriß er es zu kleinen Fetzen, die der Wind
sofort aufnahm, auf die Straße hinauswirbelte und
weit verstreute.
Aber das Wort war noch immer da. Freude schenken – Freude schenken –, es war wie quälendes lang-
sames Gift. Er starrte noch immer die Bretterwand
an, die leere Stelle, wo das Blatt festgemacht gewesen war, und dann wieder auf seine Schuhe hinunter
mit tief gesenktem Kopf. Was habe ich getan –
dachte er. Trostlose Verzweiflung erfüllte ihn.

Es wurde lebendig auf dem Bahnsteig. Zwei weitere
Perronlampen leuchteten auf, eine Türe schlug zu,
und der Bahnbeamte kam mit knarzenden Stiefel-
schritten zur Perrontüre. Die jungen Leute schoben
sich betont lässig zu ihm hin. Das Signal für den
Zug stand auf freie Fahrt.
Werner drehte sich dem Bahnhof wieder zu und
stand im Licht des Weihnachtsbaumes. Langsam,
fast scheu, ließ er die Blicke hinaufwandern, von
einer Zweigspitze zur anderen. Einige der gläsernen
Kerzen bogen die Zweige ein wenig abwärts, zu
einer sanften, hinneigenden Form, die etwas Wei-

ches, Zärtliches hatte. Sie neigten sich tief in seine Richtung, sie bewegten sich zu ihm hin. Es war ein Anruf. Nein – es war nichts – es war nur der Wind – es war die arme kleine Lichtertanne neben dem häßlichen Stationsgebäude. Aber es ging ein sanfter Glanz von ihr aus. Sie war da, in all ihrer Armseligkeit, ihrem rührenden Licht-sein-Wollen. Sie war vielleicht nur eine Illusion, um die Häßlichkeit, die Unerträglichkeit zu mildern. Sie mußte da sein, um – Freude zu schenken!

Freude schenken – der Schmerz dieses Wortes blieb. Aber der Lichterbaum bewegte leise schaukelnd seine Zweige wie ein menschliches Wesen, das Sanftheit, Güte und – Verzeihen geben konnte: Freude schenken.

Werner hob den Blick höher und höher, zur Spitze des Baumes und noch höher hinauf, zum nachtschwarzen Himmel. Es stand nirgends ein Stern. Aber irgendwo dahinter, hinter dem tiefen Schwarz im unendlichen Himmel, mußte doch ein Stern leuchten, ein Licht, eine Verheißung. Wie ein Verdurstender oder ein Verzückter hob er das Gesicht fast waagrecht zum Himmel. Ein paar verwehte wäßrige Schneeflocken legten sich auf sein Gesicht und zerflossen zu Nässe. Er wischte sie nicht ab, als er zur Perrontüre und hinaus auf den Bahnsteig ging.

So war es gewesen. Damals, vor 35 Jahren. Die Mutter – ihr hatte Werner damals ein Licht angezündet, ein Weihnachtslicht, das sie selig machte und das doch ein Irrlicht war, eine Lüge. Eine barmherzige Lüge. Er hatte das alles vergessen – nicht gleich, nicht schnell, immer wieder verzweifelnd, oft nahe daran, noch einmal dorthin zu fahren und die bittere Wahrheit zu sagen. Er hatte es nicht fertiggebracht. Ganz langsam vernarbte dann das alles. Das Leben ergriff wieder Besitz von ihm: Er war zurückgekehrt ins Leben, hatte einen Beruf ergriffen und Karriere gemacht, hatte eine Familie gegründet und Wohlstand genossen. Und da hatte nun ein Mensch gelebt, der gläubig und hoffnungsvoll vertraute auf sein damaliges Wort »Ihr Sohn lebt«. Hatte vielleicht oft, dem Zweifeln und Verzweifeln nahe, die letzte Zuflucht im innigen Gebet zu dem kleinen geschnitzten Herrgott im Winkel der armseligen Küche gefunden. Ein Mensch, der an seine, Werners, Lüge geglaubt hatte.

Das erste leise Aufatmen damals auf dem Bahnsteig nach der tiefen Verzweiflung, das Sich-selbst-Zureden in der nächsten Zeit, das langsame und dann das totale Vergessen im Getriebe der Jahre – all das zählte nun nicht mehr. Es fiel ab wie weggeblasen. Nichts blieb – nackt und bloß fühlte er sich, sich selbst zum Ekel. Nichts, niemand konnte ihn lossprechen, fühlte er.

Es war dämmrig im Raum geworden, der frühe Abend kam. Leichte Schritte näherten sich. Frau Maria trat ins Zimmer, erstaunt, ihren Mann reglos im halbdunklen Zimmer sitzen zu sehen.

»Aber Werner«, sagte sie leicht vorwurfsvoll, »du sitzt hier und bist noch nicht umgezogen? Wir sind doch heute bei diesen netten Doktors eingeladen, hast du das vergessen? Wir wollen doch bald fahren, es wird Zeit!«

Werner rührte sich nicht. Dann sagte er mit einer seltsam knurrigen Stimme: »Fahrt allein – ich bleibe hier!« Und als Maria eine heftige Erwiderung wagte, schrie er aufgebracht und ohne Beherrschung, was selten bei ihm war: »Fahrt zu – zum Teufel oder zur Hölle, aber laßt mich in Ruhe!« Aber er wußte, daß er allein es war, der jetzt in der Hölle bleiben würde.